Prótesis

Úrsula Starke

Prótesis

Escrituras 2007-20015

bokeh *

ÁTICO

Cartas desde el sanatorio

Adentro / afuera

Intro

No hay una historia que contar. Sólo un estado de ánimo enloquecedor.

Patrimonio

Merodean, como cóndores carroñeros, por mi vida los hombres y yo, que no tuve padre, nunca he sabido tratarlos como al ave nacional.

El adentro, el afuera, son categorías tan ambiguas, tan ambiguas.

Primera neurona

De pronto, mi casa es un terreno baldío convertido en basurero ilegal. De pronto, mi trabajo es un abismo apático y estrecho. De pronto, mi figura natural y luminosa se percude y afea en los bordes y reconozco arrugas que antes no estaban aquí y que parecen expandir sus ramificaciones. De pronto, el esquema exitoso se tuerce y el resultado es una espesa y oscura psiquis primaveral.

Encuesta psicológica de ingreso

Soy bipolar y mi Diego espía tras la celosía de la ventana las conversaciones secretas que tengo con los bichos que salen de la rendija abierta de las baldosas de la tina de nuestra casa, las conversaciones que tengo con mis polos opuestos y las conversaciones con Antínoo, que son las que más lo torturan. Anoche he descubierto su rostro de diablo de La Tirana cuando la saeta de un querube satánico atravesó su corazón en acción inversa a la de Santa Teresa. Me miró con sus ojos de vidrio y lentejuelas llenos de odio y me colgó del cabello por horas desde la cuerda para secar ropa en el patio, a ver si yo expiaba el pecado de contarle mis secretas intoxicaciones rokhianas a ese tal Antínoo. Luego de eso, me dejó en paz, porque era muy tarde, pero yo continué con el ritual santarrosino de expiación y me cobijé en el sillón de la terraza con su navaja de afeitar a escribirme en el brazo izquierdo todas sus palabras violentas que me resonaban aún en la testera, hasta que salieron las gotas de sangre que nunca salen de mi vagina amenorréica. Al otro día, de urgencia al sanatorio. El psicólogo de la recepción me pidió que se las mostrara. El psiquiatra de la urgencia me pidió que se las mostrara. Ninguno supo identificar la escritura criptográfica a través de la cual le declaraba mi amor penitente e irrenunciable a Antínoo, usando las mismas palabras violentas que Diego había lanzado como amoniaco sobre la aparente superficie afelpada de nuestra relación.

Qué más quiere que le diga.

Antínoo

Soy una pobre obsesiva, Antínoo, y he pensado todo el día en tus palabras de amor profundo hacia tu niña sólo para masturbarme de dolor. Y y mi huracán de sordideces, yo y mis adicciones, yo y mis vergonzosos deseos de hacerte sexo oral. Porque nunca lo hemos hecho, es verdad. Nunca he podido acorralarte contra el muro para sentir tu pene perfecto bajo el pantalón antes de arrodillarme y tragármelo sin dejar de mirarte a los ojos ni por un instante. Lo que tú y yo tenemos es una fantasía muy bien estructurada en mi cerebro atrofiado por el sanatorio, muy bien estructurada y desarrollada día tras día al ritmo de las canciones de *Arcade Fire*. No somos reales, Antínoo, lo sé, tú me respetas como a una matrona, como a una machi portadora del secreto de la bisexualidad en la poesía chilena, pero nada más. Nada más. Te has mantenido impertérrito ante mis incansables insinuaciones y yo sufro, sufro como un Adriano envejecido y seco.

Claustrofobia

No puedo tener hijos. Dependo tanto de la venlafaxina que no existe posibilidad que me la quiten sin que termine hecha una bolsa, con los brazos cortados, una sobredosis de clonazepam en la guata y una manguera negra por la nariz. Y si me embarazara, daría a luz a una guagua deforme y con síndrome de privación. Quizás lo hacen intencional. Digo, nos mantienen a las minas pitiadas sin poder reproducirnos para evitar que sigamos heredando la tara a las posteriores generaciones. Es una buena estrategia para limpiar la raza.

Mi pequeño capricho, mi delicioso y joven Antínoo, que apareció desde el basurero brillante donde se reciclan las botellas de vidrio, me dijo que su amor, su novia, su niñita estaba embarazada. Embarazada. Embarazada. Embarazada. Yo me mordí los dedos mientras escuchaba su historia de preñez y posterior pérdida y sentí como si un CNI me estuviera poniendo electricidad en los pezones. Morí porque mi útero quebradizo sólo alberga el tejido mohoso de las arañas y jamás será fertilizado por su deleitoso semen ni por el de mi señor Diego, ni por el de nadie.

Folleto de información para el paciente

La psicopatía que he desarrollado por el *Folleto de información para el paciente* no es suficiente, porque sé que están ocultando partes esenciales del entramado químico, estudios de campo, efectos secundarios, malformaciones inesperadas a las que sólo tienen acceso personeros de la farmacopea. Entonces, pasan los años y el organismo saturado de compuestos y excipientes tartamudea sin remedio. Algo no funciona, el esquema está mal planteado, el inhibidor de la recaptación se adosa de tal manera al interior neuronal, que la corriente es monocromática y no hay manera de evitar ni revertir. El síndrome de privación es la antesala parestésica de la condena de los fármacos de por vida.

Historial clínico

Si Diego supiera los nombres de mis anteriores amantes podría resolver la fórmula de mi obsesión.

Palomas

El sanatorio era un espacio para loquitas. Pero no me siento mejor afuera. Principalmente, porque habían palomas con chonguitos en vez de pies en la estación de trenes. Esas palomas hacen que me duela el pecho con la misma intensidad que a ellas les dolió perder sus patitas en los cables de alta tensión. Si pudiera, les confeccionaría pequeñas prótesis de patitas para que pudieran recobrar su dignidad frente a las otras palomas que, con más suerte, conservan sus patas intactas. De niña mi abuela nos daba sopa de patitas de pollo. Yo la disfrutaba con mis hermanos como si fuera el gran premio del día: primero nos debíamos tomar la sopa, luego, podíamos chupar las patas de pollo para extraerles la sustancia. Ahora cuando veo a las pobres palomas caminando sobre sus muñones se me viene a la mente de inmediato el sabor resbaloso de las patitas de pollo.

Carta abierta

Mi pieza es bastante luminosa y aireada, tengo vista a un muro de ladrillos, por ahí suben en las tardes bichitos de todo tipo, escarabajos, chanchitos de tierra, tijeretas, arañas del embudo. Si dejo la ventana abierta, los bichitos entran en mi pieza a comerse las migas de pan y la sangre coagulada del piso. Acá prohíben las toallas higiénicas y la menstruación chorreando por las piernas es normal. Las visitas de los domingos se amontonan en la puerta del sanatorio con canastos llenos de flores de Bach y edulcorantes. Yo he decidido recluirme a la orilla de la ciudad a practicar la escritura del asombro, hasta que aparezca la grieta deliciosa por donde salga la palabra mía.

Ustedes me dejaron al borde de la escena. Ahora no me exijan que salga a verlos. Menos cuando estoy menstruando y hay luna llena.

Otelo

Esperando la eficacia de los ungüentos sobre la perpetuidad de mi insomnio, vuelvo a escribir. Yo te digo, hubo una vez un misterio, una persistencia crónica, el hastío del sol de invierno paliado por dosis exactas de somníferos. Un adormecimiento de la garganta a la hora de decir te amo, el mismo pan, la misma lástima, esa desazón absoluta de saberse fracaso y nada al final de la semana. Otelo, no sé por qué eres el primero al que recuerdo en el encierro. Fuiste al que menos quise. Sabes que soy una poeta terapéutica, que sólo escribo cuando me bota la crisis, como una manera de expiar los pecados de la psiquis. El talento me viene con el clonazepam, y esto es algo que nunca comprendiste. Insistías que si no escribía todos los días de manera espontánea, no era una verdadera poeta. Cuando me decías eso, Otelo, me entraba una rabia monumental y te despreciaba como desprecio ahora a los enfermeros del turno de la noche por amarrarme las muñecas al larguero de la cama. Ellos no saben que debo sacarme a las culebras de encima. Tú y los enfermeros, amor, no saben nada de lo que pasa. Configuro pequeños esquemas que evoquen episodios de fracasos cotidianos, quizás como una manera de justificarnos, de darnos ventaja, de santiguarnos. Como el intento burdo por endulzar el té negro del desayuno, en la medida justa que siempre exigiste, porque cualquier arrebato de azúcar rompía la rutina tranquilizadora de tomar el té perfecto en la taza que te regalé.

No te molestes en responderme las cartas que te mando.

No te molestes en responderme las próximas cartas.

Acá las leen antes de entregármelas, tachan con plumón negro los nombres propios y con plumón rojo las frases que contienen lugares comunes.

Así, tus cartas terminarían siendo un cuadro de Mondrian.

Fantasmas

La soledad es difícil de mantener. La locura es fácil. Se mantiene sola.

Inver-less

Dime, Otelo, cuánto duele el espacio que construimos entre nosotros, de la misma manera ansiosa que construimos esa casa tan bella y llena de incongruencias. Dime, por favor, cuánto duele el tiempo que sucede en ese espacio, porque a pesar de la leve vibración de la primavera, no logro que sus verdes primerizos me broten sobre el negro dolor de haberte dejado de querer. La gente como tú cree que el invierno es la estación del año más difícil para los depresivos como yo. Eso no es cierto, amor. Recuerda cómo se me venía el infierno en la primavera. Cómo intentaba borrarme el tatuaje del pecho con el nombre de mi madre, utilizando la soda cáustica del baño, y sólo lograba dejarlo lustroso. El invierno con su llanterío era sólo la antesala de la demencia.

Otelo, habla

Yo me dije, Otelo, que te dejaría ir a pesar del llanto de niño y que no habría necesidad de repasar nuestro historial secreto de hijos imaginarios. Que aquel nuevo amor mío, que rompió la rutina de abrazos lánguidos, sería suficiente para desestimar cualquier presagio. Pero no, aún te pregunto por qué nunca desandaste los pasos en el tierral y entraste erguido por la puerta para reclamar esta casa tuya y esta mujer temblorosa y asqueada que también era tuya, con el ímpetu caprino amenazador que le influías a tus fracasos. Aún te pregunto por qué abandonaste todo intento de reclamo, de sutura, de promesa y proyecto, nuestra casa barroca, el viaje a la isla, el cambio de psiquiatra para pedir una segunda opinión sobre mi estado. Yo esperaba que sacaras de mi cabeza las mariposas y las polillas para exigirme que te cepillara los rizos negros como lo hacía en las noches vino, y volviéramos a nuestra cama a tejer calcetas chilotas como debía ser. Por qué, amor, por qué nunca volviste a cantarme a Víctor para recordarme cómo fue que le dimos color y profundidad a estas paredes. Creo que, secretamente, para ese entonces, el amor se te había diluido a la manera de los epitafios de los nichos más antiguos del cementerio.

Si vienes un domingo al sanatorio para confirmar mis sospechas, te juro que salgo a verte sin bata y con ropa de calle, sea invierno o primavera, y te recibo con un abrazo hondo, paseamos por el patio de visitas, te presento a mis perras, a mis compañeras menos violentas, a la enfermera

que me deja leer libros de poetas suicidas antes de dormir,
y, así, nos perdonamos seriamente el haber tenido la osadía
de ser jóvenes en una ciudad de muertos.

Pandora

He vuelto a necesitar la pirotecnia farmacológica en mi velador para conciliar mis partes dispersas en el espacio. He vuelto a escribir por las noches bajo el efecto nirvánico del zolpidem. Con la caja de Pandora semiabierta, las torsiones freudianas se filtran suavemente para que las alcance a bocetear. Es un ejercicio chamánico de amor al arte. Por lo menos hasta que se termine el contenido de los tres blisteres.

Runrún

Runrún mío, eres el hombre más imbécil de los que conocí afuera, que fueron varios, más de los que querría. Lo teníamos todo, habíamos sobrevivido al terremoto, a las réplicas, a las habladurías, a la peste. Hacíamos el amor como los franceses. Así y todo, te fuiste al norte obnubilado por la fiebre del oro, que sólo es una estrategia televisiva para engañar a la gente imbécil como tú y persuadirlas de dejar la ciudad capital, porque está colapsada de muertos. Te suplico que no me dejes enloquecer. O avísame cuando esté ocurriendo, cuando de a poco te des cuenta que las historias que te narro comienzan a tener elipsis temporales o vacíos argumentativos que te indiquen que estoy perdiendo la capacidad de novelar. Cuando eso ocurra y veas que he dejado de gobernar a mis personajes y sus actos, avísame que estoy enloqueciendo finalmente, tal como todos lo temíamos. Entonces, en ese momento, aférrame a ti, susúrrame al oído la épica de cómo nos conocimos o repíteme el episodio de la universidad, la mini falda y la angustia por besarnos cuando se nos era prohibido. Cuéntame también de aquella primera tensión, el roce intencionado, la piel tibia, la duda y el sexo a punto de desbordarse ahí mismo. De los correos contenidos pero repletos de alusiones y metáforas, siempre al límite de lo evidente, de lo que no se debía decir, pero lo decíamos igual.

Tengo la esperanza que cuando llames a mi cordura mediante los recuerdos de nuestra historia, evites que las disfunciones psíquicas de mi cabeza se propaguen a un ritmo acelerado. Y te suplico que dejes tus absurdas ansias de oro nortino, porque no existe, amor, no existe tal maravilla. En el norte no hay árboles, no hay sombra, no hay sexo francés. Sácame de este hospicio de locos en el que me han metido y diles que, finalmente, mi demencia no es contagiosa.

Dr. José Horwitz Barak

Estoy comenzando a pensar que, quizás, la disposición del sanatorio frente a la morgue y al costado del cementerio general, no es aleatoria.

La duda

Creo ser la loca más letrada del sanatorio (¿realmente estoy en un sanatorio?). Las mujeres acá nada saben de Freud, de Svankmajer o Edward Gorey, por lo que no tengo mucho que conversar con ellas. Sin embargo, no considero que haber ido a la universidad sea positivo para mi estado mental. Conocer la trampita de Freud complica mucho mi percepción de las cosas. Y las imágenes de Svankmajer o Gorey son una pésima influencia para las noches de alucinaciones.

Humbert Humbert

Hoy quiero recordarte a ti, mi patético profesor Humbert Humbert. Aunque patético y afeminado, sin ti, amor, nunca hubiera escrito poesía. Eres el responsable de mi delicado talento. Digo delicado por lo frágil, no por lo especial. No por lo bello. Te recuerdo apenas, los detalles se me escapan, nuestro pasado juntos me parece un sueño incongruente, donde no estoy segura de lo que fue real, de lo que inventé, de lo que poeticé. Para escribirte recurro al ático, ahí puse todos borradores que me regalaste. En ellos están los rastros de un amor patógeno.

Pero no tendremos, nosotros dos, una segunda chance, te lo aseguro.

Quiebre

Por ahora no me toques, porque soy una bailarina de porcelana dentro de una caja musical –que toca la melodía de los rosales en septiembre–. La muerte me dejó un aura celestial, un caminar de golondrina, un par de palabras enigmáticas, una tumba vacía. Quinientos versos barrocos. ¡Ah!, un color cetrino en la piel. Mi cuerpo se tuerce como una espiral caliente, mi rostro aparenta el nerviosismo de las púberes. Ahora no tengo miedo de lanzarme sobre las fosas, de decirte que soy mentirosa, porque ya pagué mis culpas originales, ya me rebanaron la cabeza en la guillotina de tu patrimonio y tus ancestros condenaron mi opulencia oral. He sido liberada del cinismo, Humbert Humbert. Sí, la muerte hermosea a las niñas como yo. Dentro del cementerio mi pesadilla se convierte en emblema, en fetiche y pareciera que nadie lo nota. Pareciera que todos ignoran mi simpleza, que todos olvidan mi egocentrismo. Tú te acaloras siempre que digo que la muerte es divina metamorfosis de los cuerpos. Me deseas así de descontenta, así de intimista. Yo adoro los quiebres temporales.

Mantén el viento soplando bajo mis pies

Humbert Humbert, cuando me envías presagios soterrados, palabras inclinadas, dientes de león brotados por correo, me sonrío, me peino con la mano el mechón que se me baja a la frente, me acomodo en la pequeña silla, miro la hora en el reloj del muro y deduzco que, a toda vista, crees tener el mismo poder de ternura e ingenuidad que tenías antes, en otro siglo, bajo otros acuerdos. Eres el único que se ha atrevido a cruzar la ciudad con sus muertos en las veredas para bajar a verme al limbo de los no bautizados. Acá, en el sanatorio más triste del mundo, escucho tus rezos de padre para que mi alma encuentre por fin el fármaco correcto y nos vayamos a la casa de campo a rehacer la vida que dejamos inconclusa hace ocho años.

Carta denuncia

Quiero inmoralidad y fuerza. Quiero que alguien tenga el coraje de sacarme de aquí para llevarme a vivir una vida de espasmos sin tregua y que sepa sacar de mi cabeza las cicatrices y los fusilazos. Quiero que alguien más fuerte que yo sea capaz de renunciar a su rutina para bajarme los calzones y meter su cabeza entre mis piernas como si se le fuera la vida en ello. Me duele la tradición como me duelen las agujas en los pezones, como me duele la irracionalidad del universo, como me duele la capacidad idealista de mi cabeza, capaz de propagar imágenes eternas que desaparecerán apenas mis neuronas se apaguen sin que quede testimonio de ello.

Electra

Me quería acostar con todos los hombres mayores que me tomaran en cuenta. Era obvia mi desesperación de Electra huérfana.

Ignoro si ahora el darme cuenta significa dar un paso para la superación del trauma, si es que es un trauma.

Patio 29

Dicen las compañeras del pabellón que en el Patio 29 del cementerio general entierran a los loquitos que se mueren en el encierro. Dicen que ahí, cada uno de los que estamos en este sanatorio, iremos a descansar bajo una cruz de fierro negra sin nombre. Dicen que así se hacía antes, por lo menos. Claramente la conciencia histórica de mis compañeras está habitando un espacio anacrónico, un rincón demasiado parecido al asilo del doctor Caligari. No saben nada de las carretas cargadas de cadáveres que todas las noches recorrían la ciudad para llegar al Patio 29 del cementerio. Los panteoneros que estaban de turno, hombres pobres sin estudios, ayudaban a los fusileros a descargar los cuerpos de otros hombres pobres y sin estudios, que traían las cabezas cubiertas con sacos blancos húmedos de sangre. Desde el 73 que en ese patio sólo se entierran hombres sin rostro. Nada de locos.

Prefiero no contarles esta verdad a mis compañeras. Les parecerá de lo más absurdo y no habrá forma de que crean posible esta historia tan brutal.

No me dejes aquí

Un sanatorio mental es una rajadura en el tiempo.

Las paredes del corredor más asoleado se están ajando. Su pintura celeste pálido se craquela rápidamente y cae como disímiles hojas de un árbol en otoño. Las grandes tinas de la sala para las curas de baño dejaron de ser blancas hace unos cuarenta años. Toda la grifería tiene goteras. En la antigua sala para lobotomías se acumulan cientos de carpetas con fichas médicas que ya no caben en el archivo subterráneo. Ahí se pueden encontrar expedientes antiguos de mujeres histéricas que llegaron un día al sanatorio y no volvieron a salir más, ni siquiera en un ataúd, porque hubo una época remota en que se cremaba a las fallecidas y se dejaban sus cenizas en ánforas de lata color rojo, que ahora se almacenan en un cuarto del ala norte como «No reclamadas». He visto que hay en la cocina unos refrigeradores Ursus Trotter con palanca y llave, iguales a los que tenían mis abuelos en los años cincuenta. Las camas tienen somier de alambre con resortes. Los colchones son de lana. Dormir en ellos sin somníferos es imposible.

Pareciera que las loquitas, los auxiliares, la enfermeras, los doctores de turno, los perros, han sido una proyección enfermiza de mi inconsciente para escenificar un encierro metafórico que en realidad nunca tuvo lugar. Todo empieza a descascararse y el edificio se arruina poco a poco, las paredes se manchan con moho, las baldosas del piso se levantan, las ventanas de fierro se oxidan y las puertas se desprenden de las bisagras viejas, todo en una imagen ralentizada.

Ha crecido la maleza en las esquinas húmedas de mi pieza.

Estoy en un sanatorio abandonado hace más de cuarenta años.

Pánico

De la lámpara de papel cuelgan telas de araña vaporosas que se mueven despacio cuando los fantasmas agitan el agua con sus movimientos afectados. La muerte les dio una belleza dolorosa de tierra que sólo es posible notar en noches como esta, cuando la lluvia de octubre deja entrar por la ventana un resplandor verdoso. Desde mi cama, arropada hasta la nariz, puedo ver la coreografía de los fantasmas donde todo lo que hacen es pura visualidad, escenas fundidas, claroscuros y planos medios, mientras actúan viejos pasajes de su vida.

Sálvame, Antínoo, de este cuarto ceniza donde duermo sola el sueño de los fantasmas —en ellos, a veces, reconozco el rostro de un familiar muerto—.

Epílogo de crisis

En el epílogo dejo tantas cosas pendientes como truncadas, heridas sangrando y babeando, palpitando aún. En el epílogo me quiero permitir el permiso de follar con quien quiera las veces que quiera sin tener que volver al sanatorio nuevamente, sin tener que cortarme las muñecas ni ser la empleada del mes. Abro las piernas como abro los brazos: recibo la bendición de mis enfermedades mentales y agradezco tener los motivos más superficiales del mundo para ser infeliz y dejar mi escupo estampado en la cara de Chile: no me hicieron un golpe de Estado, no me torturaron, no me mataron a mis hermanos, pero me quejo igual. Me quejo y lloro por haber sido encerrada en un sanatorio para loquitas porque nadie supo cómo incorporar mi diferencia al estado marcial del consumismo de la clase media. Porque a nadie le importa que escriba sobre otras dimensiones y lo haga medianamente bien. Porque nadie siente piedad por mi estirpe drogadicta. Me quejo y lloro igual, aunque ustedes pongan cara de alivio cada vez que me comporto como una señorita en la mesa.

Mi cuerpo es lo único material que me pertenece en esta historia, todo lo demás es de diosito. Y en mi cuerpo yo hago las manifestaciones de libertad y arrojo que quiera, aunque estas parezcan teñidas por el color rojizo de las disciplinas auto infringidas de Santa Catalina y Santa Rosa ¿Cuál es el problema? Si ustedes ya me metieron toda su batería de fármacos de última generación en mi sangre. Dejen sacarme ahora un poco para regar mis plantas.

Última carta

En la dimensión ficticia, estas cartas quedarán guarda-
das como material de archivo en el sanatorio abandonado,
dentro de un baúl de mimbre, en la pieza donde se guarda
la ropa que ya no se usa y perderán su sentido a medida
que vayan pasando las décadas. Luego, el sanatorio será
demolido por una retroexcavadora, a petición de la inmo-
biliaria, para construir un edificio de departamentos y
todos sus restos serán lo mismo: escombro, donde estas
cartas pasarán a ser parte del mismo amasijo. Y el mundo
seguirá existiendo a pesar de todo.

En la dimensión indiscutible, mis amores serán perpe-
tuados con estas letras, mi madre jamás dejará el cigarro
y morirá de cáncer, mi padre terminará en la cárcel, mi
suicidio será un alivio para la familia, Diego se arrepen-
tirá de no haberme pedido matrimonio bajo los plátanos
orientales cuando aún teníamos tiempo, el río Maipo traerá
cada vez menos agua, no estará registrado mi nombre en
el sanatorio frente a la morgue porque nunca estuve en
ese lugar pues no fue necesario. Mis hermanos no volve-
rán a mencionarme en la mesa para los cumpleaños o los
funerales, mi psiquiatra será mi traumatólogo, la epidemia
suicida empeorará en el Costanera Center y los cadáveres
serán enterrados en fosas comunes del cementerio general
donde luego pondrán un monolito al héroe desconocido.
Nunca se sabrá el destino de los detenidos desaparecidos y
la memoria, mi única ambición, será un filme de celuloide
quemado al que nunca debí aspirar.

Divertimento barroco
La raíz del espejo

Arrobo primero verdadero
y maravilloso de Santa Rosa

Hay un dios que me habla.

La idea domina el espectro racional en esta ciudad absurda, repleta de arcángeles militares de volados encajes y figuras eternas de dioses muertos. Es este convulsionado infierno americano mi pertenencia indiscutida, el espacio horizontal donde habito a destajo en cuerpo lacerado, como una virgen incaica al borde de la mitología.

Jesús me mira de frente y me dice: «Observa este amanecer tuyo como si observaras un parto. La ciudad se torna luminosa y salen a la vista los gérmenes del paraíso. Todo muta sobre sí mismo y tú eres hija legítima de este territorio. Sal Rosa a reconquistar tu patria».

La monotonía de las predicciones afecta todos mis deseos. Detrás del adobe no se oculta nada.

La uniformidad de este pueblo entorpece el ritmo abrupto de mi ansia en medio de una oscuridad ajena.

Debo palpitar, debo retorcerme, aullar y sacrificar corderos neonatos sobre la piedra del Señor, porque he nacido para traer la palabra travestida de un dios múltiple.

Esta soy yo, una flama heterogénea y maravillosa en el purgatorio mismo del reino.

Arrobo segundo de Santa Rosa en el Cristo de la Roca

Entonces, me puse a escuchar canciones guturales de la precordillera. Desde el fondo de la roca emergían voces como sierpes danzantes, un espectáculo penetrante bajo el sol del verano. Yo me dolía ante el reflejo de otra estirpe que me llenaba la cabeza de imaginarios acallados, de oraciones que no debían ser repetidas. Sabía yo que había un dios que me hablaba en la evidencia de mi conmoción. Podía escuchar los sermones de sacerdotes deformes y extranjeros de género indescifrable mientras ejecutaba las heridas correspondientes en mi costado izquierdo.

Siempre supe que era un dios enfermo.

La noche abre su órgano tripartito ante mis ojos.

Derrama lentamente su brea tibia sobre la cabeza de Cristo y lo miro sin edad ni dialecto. Dentro de mi cuadro colonial no hay más respuestas que él. Su cuerpo es una abertura milenaria en mí. Cristo desnudo configura mi pasión de cosmogonía y sé que nadie comprendería eso. En esta tierra toda la gente es iletrada de espíritu, dada a las cotidianidades generales, al pan, al monasterio sin cobijo. Es un peladero de sensualidades que antes estaban aquí, bullían sobre la superficie terrena y verde cuando gobernaba Mama Quilla con su sombra delicada.

En estas horas de despojo hago entrar a Cristo como el cuchillo plateado en mi carne primeriza. Ofrezco esta mi sangre a su sangre para que haga él brotar la saciedad como ungüento sobre el vacío del alma.

La incertidumbre es mi pecado.

Ático

Y en medio de todos y de todo, el niño triste que
fui yo, un niño triste y silencioso que amaba, y
que solía meditar en la muerte…

Evocación, Romeo Murga

Todo me sobra y yo me sobro como traje de fiesta
para fiesta no habida; ¡tanto, Dios mío, que me
sobra mi vida desde el primer día!

La abandonada, Gabriela Mistral

Discursos
Cronología temática de la confusión

Discurso I

Eres la niña de los nichos, cambias sangre de tu sangre, ensucias el lugar que tienes en la mesa, arrastras tu orina de la pieza al pasillo y lloriqueas bajito en la esquina grasienta de la cocina. Eres la vieja del cigarro chupado, la gallina hueca, la ruina familiar, la maldición del tatarabuelo, que obligó al cura santiguar el féretro materno con ortigas, porque los brujos habían corrompido su descendencia femenina de vírgenes locas, viudas secas, hijas enfermas. Escuchas el griterío de las arañas, no tocas la fragancia de los claveles, no caminas como cisne afeminado. Eres hielo dentro y dentro, feosa para los padres, que no alcanzan a olfatear la magulladura todavía húmeda que te hicieron sobre la razón y no cumplen su deber genético para merodear tu cabeza como tiuques tardecinos. Avanza la noche con su coreografía patética y tu ahondas en el excremento de la conciencia en desesperada búsqueda de la lucidez que extraviaste, ese bello equilibrio que te conducía al castillo de la vergüenza. Pero ya sabes que tu organismo esta deteriorado, que un gusano de seda se te metió por la oreja y elabora sus tristezas sobre la neurología retrasada de tu nacimiento. Yo sé que me equivoco, pero estás tan sola, tan sola, tan sola.

Discurso II

Una en mí maté Yo no la amaba

Gabriela Mistral

Tengo el sexo abrumado, me falta un brazo en la conciencia, la danza lúgubre de la demencia esconde su pelusa dentro de mi ojo, enfría la saliva hasta el témpano. No soy la fémina de meneo azucarado, tengo el llanto de hombre bajo los pelos, ando tenébrica y fea entre el gentío de bocas secas, me sobran metáforas cadavéricas cuando lavo mis dientes. No soy la hembra fecunda, mi útero quebradizo alberga el tejido mohoso de las arañas, me sale en medio de las piernas un tulipán de estiércol. Se me resbala el perfume de la oreja, los cabellos fermentan caramelo en mi cráneo, las uñas me germinan como alquitrán y no puedo hacer espejos. Y, cuando nací, todos coronaron mi nombre de rocío, me vistieron de princesita sempiterna, labraron en mi pecho las velas católicas de Jesucristo. Era una muñeca de porcelana rellena de rosas secas. Ellos, todos, todos ellos, pensaron que cruzaría el océano en su barquito de papel lustre para ser la dama de sus cuentos de hadas, pero yo nunca creí en sus cuentos de hadas, sabía desde el vientre que traía un pedazo podrido de alma en las venas, sabía que andaría mortecina por las acequias del barrio, que comería hongos azules en invierno y escribiría poemas turbios cuando nadie me viera. No fui la niña de seda, no soy la niña de seda y me duelen estos versos de tanto no ser mujer.

Discurso III

El jardín se llenó de malezas y demonios. Pena un muerto entre las hebras transparentes de las arañas, sobre el pasto largo brotan hongos adormecidos por el canto de los demonios, las hojas se pudren bajo los gorriones. Entonces observo al jardín volverse terror de moscas. Hay un olor a galletas que rompe el ambiente, un ladrido de perros que rompe el ambiente. Un fantasma tras la ventana. Miedo, miedo es la hiedra temblando por los pilares. Miedo es el jardín reverberando demonios. Miedo es el otoño gritando.

Discurso IV

El amor, en efecto, es algo positivo, algo fuerte,
algo a tal punto real, que es tan imposible para el
que ama arrancar ese sentimiento como atentar
contra su propia vida. Si tú me respondes: «Pero
hay hombres que atentan contra su vida», yo te
respondo simplemente: «Yo no creo ser hombre
con semejantes inclinaciones».

Vincent van Gogh, *Cartas a Theo* n° 154,
Etten, Septiembre de 1881

Me gritas, me gritas y declaro —estás loco, old boy—. Los
cuervos van sobre el trigo en llamas, los cuervos van, hoy se
van. Pienso, solamente pienso en tu cara al ver que la vida
se venía encima con toda su pomposidad cínica. Y me gri-
tas, desesperado, porque la muerte te lleva de a poco, como
le gusta a Ella. Las enfermedades son excusas para sentirse
derrotado y poder pegarse un tiro en el pecho. Los campos
de Arles sangran, las rosas sangran, tus manos blancas
sangran. Caminas muerto entre tus demonios muertos.
Y apareces bajo un almendro en flor. Vincent, Vincent,
el desquiciado suicida de Auver-sur-Oise. Todavía penas
en el 54 de la rue Lepic. Todavía lloras cuando amanece.
Y, sin duda, te amo como amo a mis fantasmas, te amo
como amo a mis heridas. (Úrsula Loyer te rechazó un día
de Julio). Me congelo al ver tu mar vomitando barcas,
trato de encontrar la razón a tanto alboroto. «Hay dolor»,

me dices. Hay dolor. Hay dolor. Y la pequeña esperanza
de volar alguna noche.

(Tú debes terminar esto)

> ¿Qué soy yo a los ojos de la mayoría de la gente?
> —una nulidad o un hombre excéntrico o des-
> agradable— alguien que no tiene un sitio en la
> sociedad ni lo tendrá; en fin, poco menos que
> nada. Bien, supón que eso sea exactamente así;
> entonces quiero mostrar por medio de mi obra
> lo que hay en el corazón de un excéntrico, de
> una nulidad.
>
> Vincent van Gogh, *Cartas a Theo* nº 218,
> La Haya, Abril de 1882.

Discurso V

Hay un sol inconsciente y frágil que crece como hongo en mi pie las aves no soportan el olor de mis ojos ellas vuelan sin pudor y son maravillosas son serpentinas entre el invierno y el invierno se va agrietando en la estructura del tiempo la vejez es un estado constante de tristeza es el presente que llevo inconcluso en las rodillas soy una vieja esperanza de cristal roto una vieja sola y hedionda odio los temblores matutinos y tanta droga me bombea vida y no hay otra solución que morirme hasta morir con ellas en mi velador.

Discurso VI

Tell me what have I done wrong?

Placebo

La guitarra repite inconsolable su rasgueo de cicatrices y no comprendo esta melancolía sicótica que corrompe el sentimiento, no comprendo la cápsula retard que trae vientecillos agrios a mis temporales agrios, no comprendo el sudor de penas que lloro todas de todas las noches en mi cama, sintiendo el clavaje de frustraciones bajo el colchón. No comprendo, y no comprendo este descampado de alergias angustiosas, sílabas de cigarro en cigarro mientras la voz, grito dulce de este vuelo de cuervos, camina ultrajando el sentido del columpio depresivo y nos decimos cosas que no se oyen dentro de los áticos insalubres de la demencia. Dame, por favor, el placer de gemir la ausencia en el sitio justo de la ciudad arenosa, a la que no pertenecemos, porque el reloj marca un tiempo escondido. Y digo, en letanía lagrimal, que no comprendo los punzasos de la violencia mental, esta hinchazón torpe del cerebro, cuando ni tú ni yo vertemos la plegaria empapada de la soledad enredadera. La guitarra continúa su diagnóstico endógeno y, definitivamente, ya he fumado demasiado.

Discurso VII

Y si te mueres antes, escribirás en la otra vida

Javier Starke

Desorientado en otro puerto, escuchas aquí poesías de viejos aires y no quieres que me muera ahora, porque aún le quedan fluidos desamparados a mis años, pocos años, tantos años. Hermano, tú me quieres como a una pequeña deidad de calcetines rayados y te apoyas calientito encima de mis pies. Con los huesos afuera, a veces olvido que tienes puesto el cuerpo, sabes que pareces un muñeco de palo. Picoteas el teclado, la crespita se tambalea entre sueño y sueño, no quiere quedarse dormida, le pesa el orgullo para eso. Hermano flaco de dientes flacos, piensas que la muerte me buscará antes que a ti, que alcanzaré a lucir diamantes finos en los ojos, que te contaré una historia del Danubio próximo, que enterraremos a la mami el día del jamás, que los cinco seguiremos en la terraza empuñando gorriones hasta que nada acabe, porque no crees en el fin, no crees en las tumbas, tienes demasiada esperanza esta noche santa. Alguien murió hoy, alguien y muchos. Pero tú no confías en esas brutalidades.

Discurso VIII

Navegan los álamos bajo el temporal. Dejan caer sus flores blancas y la princesa evoca palacios muertos. Las épocas viejas bullen sobre los tejados mohosos y bajo ellos aparece el brillo de fantasmas y demonios rejuvenecidos. Hay perfume, hay muchos perfumes para las señoritas de buena familia que deseen ser francesas. Hay ventanas, demasiadas ventanas para ver pasar carruajes vacíos. Hay balcones, pocos balcones, pero hay sol, hay billetes, hay chic. Un piano de cola que no se toca. Primer, segundo tercer piso. Las cortinas son de terciopelo bordadas con hilo de oro y seda. Cuando los patrones ríen, las muchachas ríen. En las camas ellas lloran, en las bibliotecas lloran, en los jardines lloran. Sueltan sus cabellos rizados en aroma manzanilla, cubren sus piernas del acoso patriarcal. La república domina el corazón contrito en sus albos pechos de niñas. Y ahora, las cornisas se deshacen con la brisa pretérita de las tardes. Unos pocos caminan odiando los decrépitos trozos de palo y fierro, unos pocos ven los fantasmas bailar en los salones demolidos, unos pocos gritan de pena. Corean los vidrios, replican los adoquines, crujen los picaportes. Sólo en año nuevo se calla. La lluvia es rocío en los recuerdos yertos de la princesa. Memorias de la calle Dieciocho.

Discurso IX

Chalet Quemado, un pueblo de la VII Región

Quiero conocer esa furia fuego de la casa a lo bonzo, en aquél sitio extraviado que no sé. Hay una llovizna productiva sobre las nubes, un perro humedecido cuenta serpientes en el camino. Embrujado festín de cenizas, lejos de mi ciudad aberrante, cerca de esta pasividad de velatorio, Chalet Quemado es el sueño apostrófico de mi tontera poética y lo imagino muerto, humeante tras el desastre en llamas. Mi casita de campo terminó, con la pira de una estufa mal nacida cuando los cuatro años me arrugaban las manos. Es por eso que tengo este éxtasis fetiche de imaginar la muerte silente de Chalet Quemado, permaneciendo al estilo patriota como nomenclatura de un terruño desconocido. Es por eso que la casa quemada es mi casa quemada, el refrigerador quemado, la niña rubia quemada. Quizás, desde esa catástrofe familiar, empujo el traumatismo de la sensibilidad trizada. Quizás, Chalet Quemado arrastró también la muñeca de trapo de una niña tristona que ahora dibuja poemitas en la plataforma de su tumba. Pienso en esta gripe exagerada que me produce el cartelito del bus provincial en letras rojas y no es posible imaginar con esta mente aturdida el siniestro incendiario, entre tanto incendio dentro de las órbitas proféticas.

Discurso X

El terremoto de lejanas metrallas interrumpe la cle-
mencia nocturna, obliga a la vigilia y otra vez recuerdo
que no tengo recuerdo de la muerte en fusil que arrastró
por los barrancos hipócritas de injusticia las voces utó-
picas de los asesinados. Pero este terremoto de metrallas
que interrumpe la clemencia nocturna traspasa mi idónea
percepción del sueño y estoy nuevamente encerrada en el
ático de la demencia, erosionada a destajo por los motivos
de esta enfermedad de atardeceres. Entonces pienso, que
las perlas químicas que trago para no morir no sirven para
salvarme de este socavón dentado que absorbe mi aborto
tardío, cuando debería estar saludando los manoseos de
la juventud que no tengo. El terremoto de metrallas inte-
rrumpe la clemencia nocturna y no determino un nexo
entre morir matado y morir ya muerto.

Discurso XI

No es esta subterránea agonía, es el efecto de las lumínicas de los autos sobre el vidrio. Tengo una arcada de sufrimiento en el pecho y el anochecer peregrino no ayuda al anticolapso de mi rabia. El ojo rojo del cronómetro marca las siete cuatro minutos y la oscuridad de fosa común orienta mis inclinaciones suicidas hacia el océano terrorífico que me llega. No voy a morir ultrajada por almejas y huiros, mi muerte no se parece a las inmolaciones profanas. Soy católica de nombre y encomendaré mi sangre momentánea a los cristos del infierno. Será mi devota manera de agradecer la tirantez de los neurotransmisores pacatos con los que Dios me inventó. Su imagen su semejanza. La travesía nocturna dentro de este nicho de ruedas despierta en mi talante dulcineo un aura somnolienta de pánico y desgracia. Mañana estará nublado. Las gaviotas treparán los sortilegios del agua, confundirán el mar con la penumbra de los nubarrones, se comerán unas a otras en el caos otoñal. El marítimo encuentro espero. Lo macabro de su interminable bamboleo de olas es el castigo divino para sentirnos infames y terminables. Él quiso el estertor de aguas profundas para acabar con el sosiego comprimido de quienes traemos una vela de cementerio en la membrana coronaria, para quienes salpicamos verbos diabólicos mientras nos acurrucamos en la hipotérmica del catre. Soy un suspiro de este linaje nocivo, todavía canto el rosario todas las noches para pedir que mañana no me asusten las golondrinas y mis hermanos encuentran la vaca con leche tibia.

Cuarenta cabezas vacías en este carruaje, la noche trafica muerte. Pero hoy no, hoy llegaré al paisaje tardío de Valparaíso, para esperar a un jilguero de mazapán durmiendo sobre mi almohada.

Discurso XII

¿Qué piensas? ¿Qué haces?
–Dibujo–

A Bárbara Starke

¿Has visto cabalgar a las estrellas verdes en la noche, con sus plumajes brillosos tras la espalda? ¿Has visto, pequeña, las arañitas dulces refugiarse en mi cama? Tú callas, callas en la espontánea magnitud de esta casa. Pero gritas a destajo sobre las líneas grafito de las hojas. Ahí, pequeña, eres el hada de tus demonios, luces frágil y densa como goteo de miel, vives en los bordes de tu cuaderno, sombra de sombra en sombra, artilugio secreto del arte que encabezas. Yo te espío como zancudo en la línea perfecta de tu puerta y te veo orbitando en los espacios corporales de tu cerebro, asustada y cobriza. Entonces, me salta un sapo transparente del corazón y pienso que debiste nacer de mi vientre, porque te quiero extensa como a una hija pródiga. Pero eres otro pedazo de nosotros, mi géminis, mi silenciosa señorita neuronal. Vamos, me dices, a conocer juntas el invierno de París. Pienso que este cuarto es ya suficiente. Aquí volamos.

Discurso XIII

(Original IX)

Sonata para vampiros principiantes. Escucho al piano inescrupuloso insinuar los gemidos de alguien que agoniza. El sonido sale de los ojos, de las manos, es un espíritu que susurra. No existe la vida eterna, la vida termina bajo tierra, sólo la muerte es eterna, sólo la muerte es verdaderamente eterna. ¿Escuchas? El frío también aúlla.

Discurso XIV

Hay un sol inconsciente y frágil que crece como hongo
en mi pie las aves no soportan el olor de mis ojos ellas
vuelan sin pudor y son maravillosas son serpentinas entre
el invierno y el invierno se va agrietando en la estructura
del tiempo la vejez es un estado constante de tristeza es el
presente que llevo inconcluso en las rodillas soy una vieja
esperanza de cristal roto una vieja sola y hedionda odio
los temblores matutinos y tanta droga me bombea vida y
no hay otra solución que morirme hasta morir con ellas
en mi velador.

Hay olores que son volutas de carne húmeda un estigma
en la entrepierna y pienso en que las flores son el invento
más cacofónico de dios me alejo de mis antiguas metáforas
de inocencia he conocido los espíritus de la demencia y
un sistema de palabras que no son mías he abandonado el
calor de las utopías ahora soy un desastre de versos inser-
vibles la máquina es ahora una máquina sin rodamientos
pura y simple atrocidad de letras frío frío como las mantis
vómito de hielo y sé que no puedo.

Discurso XV

A Gloria, compañera en esta batalla.

Las princesas tristes cabalgan sin rumbo entre los estupores del engaño. Querían ser azules, florecer entre las piernas, llorar a veces por la finitud del beso. Querían cantar, comer dulces, acariciar las palabras, escribir versos sin sentido. Querían jugar a ser niñitas. Amaban el relámpago y se vestían de tul y galletas. Eran sirenas doradas y suicidas. Eran un pedazo de dios en la tierra, la imagen y la semejanza de los Ángeles, vírgenes estranguladas, la muerte del planeta en el tercer mundo. Eran incesante reflejo de mariposas y chicle, eran pequeñas extrañas en el rincón.. No encuentran un arco iris extasiado y se mueren con la lentitud de las babosas. El monstruo mastica sus caritas melancólicas y escupe hasta en fin de los días toda esperanza de seguir viviendo. No hay motivo y les duele. Las princesas malditas cuajan en placebos. El invierno pasado. Creo que aun es hoy el invierno pasado. Creo que aun no pasan todos los inviernos.

Discurso XVI

No saco nada del closet, porque ahí permanece el demonio de la demencia escupiendo mis trajes de domingo con su vómito de enfermedades y soledad. Desgajo el álbum de mis posibilidades benignas e inscribo vocablos tiernos en sus portales, para que meneen la cola al verme abrigada. Pero cuando llegan los domingos del desalojo, mi actitud se envenena con las crisis internas del closet, me convierto en un espejismo de sarro y ustedes no asimilan la conducta destructiva que arrecia este cuerpo, no calculan los horrores heterogéneos de mi cerebro desaliñado. Culpan al clima invernal de mi estupidez circunstancial, a la mala sangre que heredé de otros hombres, a los obvios misterios de mis relaciones pútridas. Culpan a Dios por no darme piernas de fierro. Culpan a mi culpa por no tener fuerzas volcánicas en el sentido. Han olvidado que mi secretísima consigna del terror emana desde otro compendio de virtudes, aquél en el que los transeúntes depresivos volcamos la furia marchita del nacimiento, porque sabemos que no soy yo, no eres tú, no es él, sino es una epidemia descompuesta la que nos angustia y estruja nuestros estómagos con el cóctel asesino de pastillas y abandono.

El que no ha suplicado ante la deidad de la inmolación no sabe nada de los retorcijones ácidos que se llevan tras los párpados, en cada gotita de lágrima estéril, en todos los idiomas de nuestros rezos.

Por esto yo confisco la sonrisa milimétrica de los felices, para adherirla a mi rostro cuando el demonio estrangula mis nervios hasta el ataque, así puedan ver, en pausada revelación, el asombro cósmico de la niña que escribe en mosaicos incomprensibles, que agita la bandera colorida cuando camina hacia el ático y sepan darle gracias a los muertos por regalarme un espejo caleidoscópico e irse a la cama a descansar sus temblores diarios, como si la niña hiciese lo mismo es su alcoba de tortura. Esta es su manera de ignorar la carencia. Esta es mi manera de mentirles la carencia. Esta es nuestra manera de escribir la enciclopedia genealógica omitiendo los errores de mi práctica.

Pero yo, cuando ustedes claman la vecindad solar y emprenden la temática sondable de su victoria, tipeo en la vieja máquina de coser, la fe de erratas inconclusa, donde escribo a mi estilo la mortal ceremonia nupcial de mi pena.

Relato a dieciseis epitafios

O cómo el amor pena

Primer Epitafio

La muchedumbre que tú y yo envidiamos a morir
de muerte

Yuri Pérez

Y si no fuera esta fría noche de ladridos, y si no fuera el
humito discordante del cigarro, si no fueran las oscurida-
des de los astros, yo caminaría con la pena de tus huesos
sobre mis huesos, caminaría metafórica y celeste, con todos
los cementerios a cuestas que me llevan a tus berrinches.
Estamos incómodos y helados, hay árboles sin nombre
que seducen nuestra carne llena de terrores. Entonces, me
equivoco al lamer tu cuello adulto y se me quedan tus
olores de poeta fusilado en los pliegues de la lengua. Me
voy en otro carruaje iluminado, llego a casa y el rostro
se me pone reseco, saludo como si trajese en los ojos las
actitudes indecentes y me acurruco en el cuarto de Nos
a contar los besos que todavía me florecen en las manos.
Nadie sabe que estoy como las princesas prohibidas, nadie
sabe que ando con el alma a dos manos, nadie sabe que ya
no soy, porque entre las veredas de la primavera somos. Y
si no fuera la peligrosidad de la muchedumbre, estaríamos
al pie de los ciruelos en flor escribiendo poemillas dulzones
y húmedos, estaríamos repartiendo pasos por las mismas
calles, sin atavíos silenciosos y culpables. Pero la historia es
un texto insalobre y doloroso, como los eucaliptos abando-
nados. No hay camas cristalizadas con nuestras lágrimas
de furia, no hay cobijo de sábanas limpias, no hay permiso

de volvernos intoxicados. Las horas avanzan en un letargo de polillas y creo que ya no tengo flores blancas que darte.

II

Fumo y estoy cayendo en la síntesis de la dramaturgia olvido lo olvidable y escapo sutilmente de tus auras malignas esto no se llama amor esto se llama desesperación de encontrarnos solos en medio de un montón de tumbas tú sabes lo que son pero a nosotros nos parecen tumbas y estamos en un día una noche no puede distinguirse bien hay niebla se posa en los ojos esto no se llama amor se llama estar solos de estar solos no tener donde ir en este cementerio por eso nos encontramos y estamos tratando de que esto se llame amor y yo no quiero y tu no quieres porque da miedo fumo el nervio lo tengo en la mano tú fumas y callas ya te he dicho cosas y me pesa como siempre el alma has encontrado un trozo oscuro en esta carita dulce.

III

Deja que las moscas entren deja que coman mis demonios deja que las moscas sacudan su polvo infecto deja que las moscas naveguen y se derritan en un esplendor de espíritus que esta pieza ya esta llena de espíritus deja que las moscas entren el desafío es posarse en mi mierda y salir mariposas azules brillantes eternas como todo lo que tengo en esta cosa lo llaman corazón yo lo llamo cosa no importa sigue siendo el mismo vacío perpetuo deja que las moscas bailen con mi sombría y se apesten de la peste de mi sombría deja hombre que las moscas mueran antes que yo yo quiero velarlas y tú me traes flores después. Blancas.

IV

Quisiera saber porqué buscas estas piernas llenas de arañas porqué insistes en alimentarlas ellas crecen juegan en mis piernas a veces vuelan hasta mis ojos y siembran en silencio sus telas yo te miro con estos ojos llenos de telas y tú insistes en sacudir mis canas y dejarme bella y sonámbula como a ti te gusta cuelgas tu sangre de las paredes y elevas promesas eternas a mis arañas besas mi frente reseca me imaginas en el aire de las mariposas amarillas hay un olor profundo yo me tapo las narices no quiero oír tu olor profundo buscas mis arañas te dan pena y sonríes sin cansarte yo no puedo quererte así tengo la boca rebalsada de otros besos son una seria peste que me ataca tu no sospechas que mis piernas tiemblan para otros besos ni siquiera yo.

V

    Siento un sueño melancólico un sueño a pedazos estornudo y soy gaviota nosotros estamos equivocados es un equívoco exquisito duele la cabeza los músculos son leche condensada quiero abrirme como nuez sobre tu espalda con mis obsesiones retorcerme bajo tu sombra como caracol en sal despedazarme hasta que me veas el hueso trato de sacarte sangre trato de que te asquees de mis arañas soy un pequeño engendro fétido ando con el sabor de los perros en el cuerpo tengo lágrimas podridas entre los dientes y tú no crees.

VI

Esto es un suicidio espontáneo mi carne es mermelada para ti estoy tiritándote adoro el silencio que me traes estamos equivocados pero adoro el silencio que me traes te adoro hasta la sangre maduras como níspero no puedo soportar los tiuques que te resquebrajan ellos no saben que soy mermelada y todo todo lo que amo de este puto universo lo traes en la frente yo no tengo tu frente yo no tengo todo me da asco verme tan sola en el espejo tu anidas en otros cabellos yo quiero que te derritas entre los míos hombre quiero que salpiques mis manos con tus manos quiero volverme libélula en tu costado pero lloras en otras piernas las mías son rosas muertas adoro te adoro como siempre y es imposible no morirme ahora de pena.

VII

Que ganas tengo de morirte entre mis piernas mojado
y tenebroso como los fantasmas negro y estrujado de prin-
cipio a fin esconderte en los huecos de mis manos hasta
que te sientas príncipe he temblado para otros ojos no
puedo verte estás asustado el planeta es una esponja no
tienes remedio poeta no tienes más salida que continuar
sin salida en esta pena grande pena de hombre desencan-
tado hay flores en mi escritorio estas flores deberían ser tus
flores hay otro aliento en mi cama y debería ser tu aliento
secándome la espalda deberían ser tus palabras las que
me lloren y no son no son no eres aquí en mi cuarto no
eres en nuestros escondites tienes apenas los años de los
tiuques cuando me miras desde lejos hasta que me pierdo
siempre para siempre no encuentras mis piernas flacas de
arañas no has visto mis piernas de arañas yo no he visto
las arrugas de tu costado hombre estás cansado yo estoy
cansada y no tenemos más entre los labios que un par de
besos tristes demasiados tristes eso nos pesa hasta en la
ducha caminamos juntos entre los kilómetros de humo
que nos separan yo no quiero verte más en esta tierra de
difuntos tenemos que largarnos a otro lado de la mierda
que ya no nos quedan horas para juntarnos a morir.

VIII

Nunca has tenido grandes luces, dices, alcanzo a ver tu pabellón oscuro repleto de relámpagos y poemas dolidos, hombre, alcanzo a ver que no tienes farolitos en tu callejuela y me da pena me da una rabia incontenible saber que nunca has tenido grandes luces, que te la has pasado con la vela medio prendida sólo para leer tus obsesiones poéticas hasta hartarte de lirismos ajenos como si fueran un suero clandestino en tu vena raída. Yo no tengo más luz que los nichos, no tengo más luz que las estatuas y dices que soy tu pequeña luz en los corredores de la vejez, dices que soy un gladiolo fosforescente, me cuesta creer que me ves, que me ves así, tan irónicamente atravesada de destellos en nuestra noche inconclusa, porque, ya sabes, no tengo esperanza ni en mis atrocidades.

IX

La cara se me llena de violentas cicatrices y tú dices, con todo esplendor de acero, cojo, tuerto, a la mitad del desamparo, que traes la calentura de feos nombres entre las piernas, cuando, justo ayer, me invitabas a la liturgia húmeda de los aposentos indecentes y vino dulce. Ahí, me desorientaste la cáscara de niña fea y te encaramaste por las arrugas de mi espalda hasta encontrar el sentido oscuro en mi desenfreno, la manera de cómo te amo sin amarte, de cómo me desnudo y sigo virgen, porque tengo esta cabeza plagada de murciélagos y ánimas horrendas que me alejan de toda sensibilidad para continuar impermeable y glacial como tus gestos metalúrgicos. Entonces, bajo el aura amarillenta de la estación de ferrocarriles, quise escapar siempre para siempre, porque el pánico y el desencanto me han roído la carne hasta las arañas, no tengo más fuerzas oceánicas para morirme de nuevo. Amor, amor, me duelen los estigmas de tanto adorarte, no tengo derecho, no tengo derecho y la virtud me falla al saber que contigo pierdo o pierdo el poco valor que le quedan a mis hálitos, el pequeño mundo que he vomitado, la dignidad de mis intentos femeninos, el falso encanto de mi postura. Porque los siglos y los siglos de mi existencia sólo han parido los fetos de la amargura y no quedan esperanzas de tener la sonrisa de las mariposas. He nacido funeraria, he nacido con la belleza pulcra de los cadáveres, ando trayendo la pena eterna de los velorios y jamás ha cruzado este rostro el perfil idóneo de la felicidad, amor, porque ni dios, ni la madre, ni la letra, ni tú, podrán arrancar mis ojos de la sombra perpetuada a la que me ha condenado la sangre.

X

Quiero que seas mi última, dices, quiero que me veas morir, porque ahora es mi hora aunque no sea tu hora, dices, y yo no entiendo la profundidad de tu penuria la profundidad de tu calambre porque tengo la edad de las pendejas, aún lozanía en la comisura de mis manos y tú no entiendes que, sin embargo, ando con la tumba a rastras. El cuerpo se me queda sin huesos cuando dices que quieres que sea tu última, se me duerme el pecho extrañado y no encuentro una frase de plumas para decirte que se me muere la angustia que se me muere la muerte cuando dices que quieres que sea tu última, tu última desgracia en este pueblo de porquería.

XI

Despierto entre la niebla que no bulle en esta tarde. Yo y mis ojos, como si el planeta escogiera mis piernas para establecer arañas. Justo ahora desenvuelves tus versos atravesados, qué bella eres, qué bella. Anuncias los letargos tibios del amor y enciendes velas como enfermo. Sicótico dirías tú. Justo ahora, antes de marcharte al otro lado de la pobreza y dejarme huérfana y brillante. Atiendes mis miradas de roca y muro y en tu boca hierven, ajenos, deseos de inmundicia. Hombre, mírame como tonta, como gusano y deja tanta estupidez para otras, que yo soy del aliento invernal, tiritona y cemento. Hombre, tócame como conejo, que mis calores no evocan más que el lejano borde austral.

XII

Escucho. Ebrio detrás, luzco un pijama, meneo la cica-
triz de la pera con un trozo de risa. Me hablas, ebrio detrás,
la noche en fotografía velada, el pantalón ajado, el cigarro
caliente, la comezón en la espalda. Suena la voz del otro
como un fantasmagórico secreto. Ya todos lo saben, menos
ella, la de los cabellos rubios. Escucho, ebrio detrás, hasta
que se me quiebra el párpado. Ayer te vi, lucias el letargo
de tu pena escondida, aparecieron más arrugas sobre tu
garganta. Escucho, ebrio detrás, como despides tu aliento
a vino. El teléfono canta su letanía colgado.

XIII

Y la noche terrible se te entrará en los huesos…
(Acaso en nuestras horas de amor lo presentiste)

Romeo Murga

Ya lo sabes, no he escupido el musgo penetrante de sepelio, me salió oscuro desde la cintura hasta la entraña carbonizada. Ya lo sabes, tengo el aliento mustio, tanto miedo de tenerte miedo a morirme tú muerto, quedarnos en el abandono de la carne dura y no haber paseado juntos por nuestras callejuelas. Ya lo sabes, me entretengo así, paseando por delante de las funerarias probándote cajones, buscando la iglesia que mejor te quede, para no palidecer bruscamente cuando no me llegues más, cuando dejes la botella de tinto cerrada, cuando no encuentres los versos encogidos bajo tu cama, cuando no me veas bella y mi rostro de parezca un cristal remoto y te vayas y me dejes y cuelgues tus zapatos del crucifijo para rezar la muerte que continuamente presentiste. Entonces ahí, escribiré un verso hondo para que brote blanco sobre tu fosa.

XIV

Escapemos juntos, en un eclipse instantáneo, palpando lo mortecino del músculo, hacia la fantasía del ático, para beber sangre de arañas verdes, para llorar eso que nos enfría el cráneo. El infierno de Dios es un espectáculo simple y burdo. Este ático fascina en el vaivén del hongo y la ropa vieja, aquí podemos seducir a las polillas, invitarlas a nuestra cacería sexual, probar conceptos errados del lenguaje, hacer el amor inconcluso sobre el baúl de la tía loca, eyaculando la substancia poética y silvestre entre los calzones de encaje y las pieles de zorro. Sube baja a mi ático, el pequeño espacio donde conservo la aberración intacta para ti, para que la toques y hagas palpitar su médula, donde quiero, donde quieres, donde más duele, porque nos convierte en deshechos víboros de nosotros mismos. Nunca habías escuchado los estertores melódicos de mi religión. Nunca habías regurgitado la amarga esencia de un órgano cristiano. Es ahora cuando puedes hacerte cristal y crucificar tus versos, verles la llaga insondable de su necesaria estrategia de muerte, clavarles su elocuente calamidad traicionada. Es ahora cuando debes entrar en el ático, mi placer extremo de la locura, la insana presencia de esas arañas que temes con ternura dionisíaca. No me digas que no quieres, que no conoces la macabra circunvalación del cerebro, su tifón farmacológico, la foto desgajada de mi falsa niñez, porque tú has visto la sangre negra que botan mis ojos cuando repto por el ático llamando a Jesús, llamando a la madre, llamando al padre que inventó mi sacrificio mental y golpeó la dureza super-flua de la pequeña flaca que no sabía nada de la vida. Tú has visto esta hemorragia de llantos y no has dicho nada, nada consolable. Ven, entonces, a este ático, es una petición vulgar pero bella, como te gustan las peticiones, vulgares y bellas. Ven y encarámate hasta la carencia de mi penuria, aquí verás el martirio cíclico de mis sonrisas. Busca entre los accesorios herrumbrosos aquel abrecartas del que te hablé cierto día y corta mis párpados para que veas como chorreo alelíes, como me extingo entre los escarabajos y la lluvia eclesiástica. No te arrepientas de morirme, por-que yo quiero culparte de mis tristezas eternables. Amor, déjame fallecer tranquila, que mañana vuelves y yo estaré esperándote virgen entre sedas y algodón, para que veas lo bien que luce en mis facciones la muerte.

XV

Estás añejo de verme establecida en mi ataúd de sábanas, borrando mi presencia de lo palpable, yendo atónita con el ojo fijo en la distancia de las cosas. Estás añejo de verme, secretamente gastado, pero sigues cubriendo el apogeo de esta crisis con las mortajas níveas del amor inmutable que le tienes a estos huesos de piedra y agua. Escucho tu aullido de perro viejo y veo como sueltas una lágrima perfecta cuando acercas tu rostro al mío intentando buscar el signo de la lucidez y sólo encuentras, cansado, la faz desdibujada de la niña que cobijas.

Último Epitafio

Aquí yace la señorita del afiche de Los Aparatos Foto-
gráficos del Comptoir d' Optique et d' Photographie seña-
lando el sitio donde hicimos el amor la última noche, aque-
lla en que lloramos apaleados sobre nuestras manos, aquella
noche en que te asesiné como asesinan las putas viejas y te
sepulté bajo las sábanas agraviadas porque ya no quedaban
más cigarrillos que fumar, ya no quedaba más ultraje que
cometer, ya no quedaba nuestra manera de sombras con
la que hacíamos el amor antaño, cuando la bondad nos
parecía infinita y la creíamos así. Esta mentira nos arrebató
el espesor de significados y las oraciones a modo eterno se
volvieron raquíticas en la memoria. Amor, a esta hora de
muerte, penetro en tu animita sin vela ni poesía, buscando a
gritos tu hechura sacramentada en el otro lado de mi cama,
donde descansa el epitafio versado y un pequeño cabello
negro que olvidaste llevarte a la tumba. Ambos objetos
son ahora los únicos vestigios de tu presencia; a ellos me
aferro solemnemente para no insistir que nuestra coinci-
dencia fue sólo una parábola bíblica y recordar, hasta mi
total exterminio, que tenías el cabello negro. Aquí, amor,
yace tu orgasmo postrero en mi útero hueco aguardando
el imposible despertar de tu núcleo para, por fin, engen-
drar a escondidas el hijo que te prometí esa última noche,
mientras me observabas como a un árbol seco, infartado
de pena y se me cayó la caricia en tu cuello y la chica del
afiche se fosilizó perpetuamente en el sitio de tu entierro.

No sé tú, pero yo aún encuentro tu brazo cálido por
las noches cuando tengo pesadillas.

Lamentos
Antes era aquella

I

La pierna molesta en mi cama estéril. El tiempo duele, los horizontes duelen, las luces duelen —hay espacio para todo, muchacha—. Saboreo la manzana luchando para que la encía soporte la mordedura y el veneno ya no es veneno sino un jugo fome, desabrido como los momentos que no conozco pero intuyo en las facciones frustradas de uno que otro colega borracho. Porque los tiempos son pintura fresca, cera fresca, ajo fresco. Los tiempos que son, son hierba nueva en el mismo peladero donde todas las primaveras crece hierba nueva. Pero aquí, en mi cama, donde el fenómeno me deprime, las metáforas asustan menos que la jauría de perros que sale al paso cuando todas las mañanas acarreo bolso, sueño y monedas hacia la estación asfáltica de trenes. Esta noche poco sedosa el pasado deja su olorcillo a rosas y laureles. Me quedo con las migas de manzana en los dientes y la perfección patética de mis aquelarres poéticos.

II

Muero, con el homicidio frágil y líquido entre las piernas, mientras las garzas acuchillan la bóveda áspera. Empujo desde la garganta moscas (esos bichos no comprenden la perpetuidad del cuerpo). Muero en gotas de sangre dulce que florecen de mis surcos antiguos, signos de la ausencia quebradiza de esas ganas, esas fragantes ganas de higuera, pecado y sepulcro de niña virgen. Con las moscas pegadas a los nudillos, moldeo la esférica psiquiatría de los comprimidos sin pensar en actos sublimes. La triste manera de los cerrojos.

III

Porque el amor inyectado a la vena gravita en mi cerebro como espasmo de felicidad, no quiero morirme aún, Señor, quiero fascinarme más, quebrarme y resbalar como azucena desquiciada. En esta dulzura de verano suicida, Señor, la melancolía es un enjambre de tosco brillo. Y él aparece como ataque epiléptico de pesadumbre y hartazgo, un angelito decaído que sobrehabita en la antagonía de mi presencia aborrecida por las hermanas sectarias, puteada y humillada por meretrices al estilo magdalénico. Me pongo como rosa en agosto y estudio con precaución los movimientos de la lluvia desde que cae hasta que cae. El clásico aparataje de la lluvia es lo que duele de ella. Ella no muere, es constante figura de lo eterno, periódico y horrible. No quiero morirme aún, Señor, debo volver a sus andenes, desprotejida y llorosa, enfriándome el cuello con sus labios de otras épocas que acorralan mi figura bucólica para mantenerme en la blanquecina ignorancia del jadeo, como si fuese yo una figurita de cristal carnoso. Así me ama, Señor, así me enseña el candor de los faroles veraniegos, así limpia su bitácora de crímenes para impregnarse de mi tormento como fraile sometido. Las fotos de años lejanos me viven como nunca, como ya no son. Cumplo mis deberes poéticos y digo.

IV

Los pasos que no doy son ya pasos muertos. Todos dicen que entienden, que mis compases son sus compases pero es mentira. Yo intento volar bajo y callar. Ellos buscan mis decencias y tratan de resucitar el cabello que se me cae. Hay tanta amargura en la palabra y nada que sorprenda, nada que quede en el tiempo, ausencia de adioses, nada nuevo. Ya hemos caído, no hay suspiro que exista, la cura es un extraño superfluo, tengo rabia de las circunstancias. Hay un clima a horrendo, oscura noche de los pantanos en esto que se llama inocencia, hermana.

Existen veces en que el miedo quiebra los vidrios, aprieta los músculos, enfría los labios y luego se pierde en la bruma de las últimas horas nocturnas.

V

Martirio de Santa Ágata y su lecho maligno

Siglos ha de ese infierno, la vena sangra sin costra, el sol permanece en el vacío de dos ojos muertos, la cruz sepulta el gimoteo anglosajón de la euforia mística y Santa Ágata virgen de calaveras y demonios, no encuentra sus pechos arrancados tenaza por tenaza, mientras brota de su columna un hierro hirviente, estatuaria infantil de la marca infantil de su permanencia. Cobijada de Cristo en el torreón vidrioso, tiene el hambre de los perros con sarna, arrastra su figurita de niña por los suelos pétreos, como enredadera vertiginosa de carne al aire, cierra sus piernas y su lamento para el Dios incorpóreo que la ha tocado. Mil quinientas cortesanas la restriegan por el sexo impuro de los paganos, obedecen la orden de castigo lujurioso al que ha sido condenada la pálida Ágata por no abandonar el sustento de los apóstoles. Yo soy cristiana, dice la bella, yo soy enferma de la luz del resucitado, mi alma no posee otra vertiente que la vida eterna. Pueden robarme los senos, pueden destruir la tela diáfana de mi vagina, pueden escupirme el cabello con becerros dorados y pedacitos de uva, pueden construirme un lecho de espigas de cristal para elevar mi espíritu como golondrina de hielo rojo, pero no cortarán la raíz primordial de mi devotismo purpú-reo, porque los ángeles no trafican con sus alucinaciones pecadoras, mi Dios no engendra la serpiente pútrida de la envidia sectaria, del machismo ególatra, de la fobia crea-tiva, del minimalismo mental, de la incapacidad faliforme, de la protuberancia alcohólica, del vómito politizado, del beso iscariótico, de la sensiblería literaria, del eufemismo asexuado, del amorío adúltero, de la depresión crónica. Yo soy Ágata, Santa Ilustre de mi convicción y no beberé el semen de su idealismo fracturado.

Los violadores escuchan el canto délfico de la niña cristiana y sus estómagos regurgitan el poderío bacanal de su religión perecedera. Santa Ágata encomienda el dolor corporal a su única evidencia, sin derramar lágrima por su tortura decapitada. La bella virgen sin pechos anuncia la venida de su salvador y los siglos confirman su desdichada certeza.

VI

Tengo el cuerpo vencido, abierto de matarife, al crepúsculo de la coherencia mi sentido alucina con deformidades y torciones, el maquiavélico soporte de este cuerpo hinchado en medicinas inaugura la cereminia de mis destierros, como pecadora impune de mis ilusiones transitorias, que no son ni nuca fueron como los sacerdotes me susurraban. Acumulo pesos inestimables en mi sendero de culpas, pero no tengo derecho a sacrificar esta hambruna de dioses. Escondida en la abulia que marca el peregrinaje de mis adyacentes, estimo que he fracasado en el escrupuloso intento por amar. Pierdo la ignorancia de las monjas y produzco el suicidio espontáneo de esta patria maligna que soy, el final del combate que no debí librar, porque me faltaba el pertrecho de la desencia, el producto inexpugnable al que jamás llegué.

Pálida entre tus luces momentáneas, perezco quebrada de soledad y estimulo el último residuo de razón para suprimir esta ventizca de marginalidades y bajar al destierro conceptual, terminar esta ira de insatisfacciones y encontrar tu lumbre en mi muerte, porque en este sitio sólo he arrullado mi imagen en tu imagen.

VII

Pasa otro eclipse neuronal y la luz despeja mi trauma afectado y descolorido. Pienso en la angustia como quien piensa en los féretros. Salto del espejo oscuro al espejo quebrado. Mi silueta atrofiada por los estertores se refleja en las adiposidades transparentes del azogue. Hay ahí una niña inválida escalando glaciares repletos de azucenas agónicas entonando el himno desafinado de los moribundos. Eternamente busco gestos alusivos al cariño, mano tras mano en mi desasosiego temperamental. Escudriño aturdida mis blondas de seda para intentar nuevamente el baile de los sauces.

VIII

Desarmo esta prosa de andamiaje precario y encuentro la falta absoluta del picoteo sustentable. He escrito unos cánticos de feria libre, templados en el emprendimiento, pero sórdidos e inconsecuentes en su tuétano, un esqueleto poroso de otros libros, plagio tremendista de quienes supieron estructurar la desgracia.

Pero no tengo miedo de la factible caducidad de estas hojas. Ya se dispersaron en la abulia sangrona de mi cortejo verborreico, ya se multiplicaron sus palabrones en la escasa liturgia de mi discreta posición artesanal, ya no importa el enigma artificial del sustantivo penoso, del adjetivo pustuliento, de anáforas y sincretismos fuleros, porque me vengo hasta aquí, hasta esta lumbre de trucos gramaticales para relacionar la poesía tangible con estos infames coloquios de indigente subterránea, repleta de modismos ampulosos y adverbios de peste corriente. Es lo único que aprendí de esta patria. Mi escritura es el poder genotípico con el cual me iré a la tumba, gruesa y sonrojada, pues mi vida momentánea circula en la tristeza de nacer bajo la lluvia poética, principio y fin de mi amargo pulso vital.

Confesar a esta hora los pecados íntimos de mi tragedia sería cortar las raíces de esta penumbra lírica, sería encarar a las momias familiares de punta en negro, vistiendo la sotana de chica obsesa y clínica que oculta el verdadero croar de ranita imbécil que tanto he querido plastificar para embellecerme en suicidios y ansiedades. Es por esta vergüenza de lazarilla ciega que no deseo confesar a esta hora mi ciclo menstrual de engaños.

Porque hubo una vez una mantenida, una achocolatada virgencita de voz quejumbrosa, una infeliz fumadora de robos paternos —aunque fue su sangre rucia la que me contagió el vicio— que no sabía escribir cartas navideñas, que no soportaba horas laborales, que no terminaba sus combates básicos, porque había sido parida en un hospital oscuro, con la cobardía de los zorzales cuando ejecutan sus asesinatos primaverales. Esa mantenida, esa inútil de puño y letra, soy yo con insignia y código, pues nadie puede confundir mi sopor artístico con el tedio de las doncellas sistemáticas, porque ya he pactado las reglas subestimadas del oficio nulo y melodramático de la poética, aunque todavía no logre darle metáfora a la metáfora.

Desarmo esta prosa de andamiaje precario, guardo mi identidad de polilla en el cofre que me regaló mi hermano, para que el resto siga creyendo que camino sobre el agua, que represento en cuerpo vivo la encarnación de la diva dantesca, para que vean en esta cortísima estatura, los deseos húmedos de su inspiración gótica y siga yo espolvoreando purpurina sobre el vidrio sucio de la leva literaria.

Al lector

El presente volumen comprende textos publicados entre 2007 y 2015: el libro *Ático* (2007), publicado en Santiago por Editorial Cuarto Propio, en su totalidad; dos textos que provienen de la plaquette *Artificio* (2014), publicada en Valparaíso por Ediciones Colectivas Periféricas, y una selección corregida del libro *Cartas desde el Sanatorio* (2015), publicado en San Bernardo por Ediciones La Cadera Rota.

Bien puede que lo que motive esta nota se reduzca, sobre todo, a lo que acabo de hacer: brindar al lector interesado las pistas necesarias sobre mis publicaciones. Ahora bien, *Prótesis* —este libro— es por supuesto algo distinto de la suma de sus partes: es una entidad en sí mismo, más allá de que sea, también, una terceridad nacida del ánimo del editor y del mío propio para que estas escrituras circulen en el ámbito mayor de la lengua.

Úrsula Starke
Junio 2016, San Bernardo, Chile